붉어질 무렵

하나로 선
-사상과 문학 시인선-

초판발행 2020년 12월 15일

지 은 이 김향기

펴 낸 이 박영률
펴 낸 곳 하나로 선 사상과 문학사
인쇄기획 엔크

출판등록 제2012-000301호
주　　소 서울시 마포구 토정로 198 영풍@ 101동 상가 204호
전　　화 02) 326-3627
팩　　스 02) 717-4536

메일주소 holyhill091@hanmail.net

I S B N 979-11-88374-24-3 03810
정　　가 10,000원

*인지는 저자와 합의하에 생략하며 잘못된 책(파본)은 교환해 드립니다.

이 도서의 국립중앙도서관 출판예정도서목록(CIP)은 서지정보유통지원시스템 홈페이지(http://seoji.nl.go.kr)와 국가자료종합목록 구축시스템(http://kolis-net.nl.go.kr)에서 이용하실 수 있습니다. (CIP제어번호 : CIP2020053005)

* 이 시집은 천안문화재단에서 발간비용 일부를 지원받았습니다.

브리꿈을 무렵

| 김향기 시조시집 |

하나로선
사상과문학사

시인의 말

대여섯 유년기에
외할머니의 말동무로 지내면서
눈물 젖은 눈가에 무지개를 달고 살았다

인생의 황금기에 혼자서 밥을 먹으면서
외롭지 않으려고 시를 썼으나
인생을 리셋하려고 모든 기억을 삭제한 적도 있다

그 후로
홀로 있는 오브제 보다
동행이 있는 그림을 그리고 있다

외롭게 시조(時調)를 쓰는 이유는
정형의 틀 안에 무한의 상상력을 담으며
자수율에 맞는 시어를 찾는 기쁨이 크기 때문이다

시를 짓고 그림을 그리는 것은 외로운 작업이지만
내면의 충만함을 위해 좀 더 외로워야 할 것 같다

2020년 12월
하늘 아래 가장 편안한 곳에서

차례

- 시인의 말 / 5

1부
늦은 귀향

- 선운산은 알고 있다 / 12
- 아버지의 손 / 13
- 겨울밤 / 14
- 목련 / 15
- 봄비 / 16
- 고사리 / 17
- 꽃, 어버이날에 / 18
- 참외 / 19
- 목화 / 20
- 돌확 / 21
- 메꽃 / 22
- 흰 구름 떠가고 / 23
- 보따리 / 24
- 추상명사의 보통명사화 / 25
- 추석, 달을 임종하다 / 26
- 늦은 귀향 / 27

2부
해바라기

- 해찰 / 30
- 여우비 / 31
- 갯벌 / 32
- 빈집 / 33
- 외딴집 / 34
- 폐교에서 / 35
- 낮달 / 36
- 노모차 / 37
- 그늘이 있는 풍경 / 38
- 아카시 / 39
- 해바라기 / 40
- 동백 / 41
- 수련 / 42
- 간이역과 자목련 / 43
- 신新 선운산가 / 44
- 아홉고개(九峴) 이야기 / 45

3부
10월의 감나무

- 2월은 / 48
- 5월, 꽃들의 수다 / 49
- 9월이 오면 / 50
- 10월의 감나무 / 51
- 11월의 지하도 / 52
- 세모歲暮에 / 53
- 감기 / 54
- 마을버스에서 / 55
- 꽃보다 남편 / 56
- 꽃의 온도 / 57
- 장미, 2014 / 58
- 100년이 지난 봄 / 59
- 유왕골에서 / 60
- 운초(雲楚)에게 운(韻)을 떼다 / 61
- 천호지에서 / 62
- 태조산에서 / 63

4부
세월을 염색하다

- 변성기 / 66
- 어느 봄날에 / 67
- 세월을 염색하다 / 68
- 아내의 공부 / 69
- 코스프레 / 70
- 밥7 / 71
- 조기와 자린고비 / 72
- 두릅 / 73
- 낙지부동 / 74
- 술 / 75
- 꽃이 진다 / 76
- 햅쌀을 받고 / 77
- 선운산의 동백꽃 / 78
- 는개비 / 79
- 앙코르 / 80
- 함박눈 내리는 날이면 / 81

5부
본인 맞습니까

- 보리 익을 무렵 / 84
- 감자 / 85
- 동전과 인생 / 86
- 씨를 심는 나날 / 87
- 삶은 / 88
- 현무암 / 89
- 중환자실에서 / 90
- 빗물 / 92
- 삭제 / 93
- 나는 누구일까요 / 94
- 밥5 / 96
- 바람개비 / 97
- 본인 맞습니까 / 98
- 파라독스 / 99
- 일상의 부호 / 100
- 인생의 부호 /102

- 김향기 시조 평설| 김봉군 / 104
  모태 회귀욕과 기도의 시학

- 선운산은 알고 있다
- 아버지의 손
- 겨울밤
- 목련
- 봄비
- 고사리
- 꽃, 어버이날에
- 참외
- 목화
- 돌확
- 메꽃
- 흰 구름 떠가고
- 보따리
- 추상명사의 보통명사화
- 추석, 달을 임종하다
- 늦은 귀향

1부
늦은 귀향

선운산은 알고 있다

조부의 젊음을 묻어 둔 도솔천에서
물안개 숲을 헤쳐 향연 피워 올리고
상여꾼 손에 들렸던 풍경이 울고 있다

눈감은 마애불이 기억해 낸 그 아픔
열두 살에 상주喪主되어 수 십 리 운구하신
아버진 밟지 않았다 가슴 아픈 그 길을

유년의 소풍객이 장성해서 깨달았다
아버지의 가슴속에 깊은 옹이 박혀있어
피멍울 긴 한숨마다 동백으로 피는 것을

아버지의 손

소나무 목피보다 더 거친 그 손으로
어린 등을 긁어주며 옛 얘기로 꿈길 열면
유년의 여린 하루가 은하수에 잠겼네

손수 만든 짚 망태에 땀이 영근 알곡 가득
퍼 담고 퍼내는 일이 칠 남매 키우는 일
이제는 그 빈 망태가 봉분되어 쉬고 있네

골 깊은 손금사이 씻겨 나간 논 밭 흙은
하늘가 어딘가에 수 만 마지기 논밭 되어
한평생 심은 곡식이 별 포기로 빛나네

사래 긴 아픔들은 구름등을 타고 넘어
저 멀리 소요봉지나 선운산에 묻어 두고
이제는 하나님 손잡고 남은 얘기 나누소서

겨울밤

마차 바퀴 물 괸 자리 얼어붙은 달빛 밝다
장에 가신 아버지를 마중나간 고무신은
까맣게
언 땅 밟아야
발이 젖지 않았다

밝은 길이 반드시 좋은 길이 아닌 것을
칠문짜리 고무신이 추위 떨며 배웠다
십 문 칠
하얀 고무신
달빛 취해 철벅였다

목련

부활절에 목련으로 꽃피고픈 울 엄니가
새하얀 진솔* 한복 큰 맘 먹고 장만했는데
뇌경색 먼저 찾아와 꽃봉오리 시들었다

봄이 오면 싹이 돋는 엄니의 그 하얀 꿈
한 두 해는 병석에서 봉오리로 맺히더니
수년의 기나긴 겨울 기억마저 얼었다

병원 밖 목련 망울 붓으로 솟아나와
엄니 대신 기도문을 하늘에 쓰고 있다
부활절 밝은 햇살에 그 소망이 부활하길

* 진솔: 한 번도 빨지 않은 새것 그대로인 옷 따위

봄비

엄니가 쓰러지신 그 해의 3월은
계절이 바뀌어도 제자리에 멈춰 서서
이불을 뒤집어쓰고 꽃샘추위에 떨고 있다

엄니 목이 천길만길 길어지는 병원에서
창밖의 잔설은 봄비에 녹고 녹아도
엄니의 관절 마디는 겨울잠에 빠져 있다

꿈결과 생시가 빗물에 범벅되어도
엄니는 푸른 꿈을 고향들에 심고 있고
맞장구 내 목소리는 빗소리에 잦아든다

고사리

삶아서 뒤적이는 멍석 위의 고사리에서
엄니의 진달래 빛 긴 봄날이 증발한다
몇 푼을 벌기 위해서 모여 들인 햇살에

바위틈 가시밭길 도린곁*을 더듬어서
짊어온 무게들에 무릎관절 접혀지고
발걸음 끊긴 산길에 잡목들만 목이 길다

메마른 고사리로 웅크린 요양병원에서
엄니는 그 나물을 이가 없어 못 드시고
가끔씩 기억에 불린 젊은 날을 간보신다

* 도린곁: 사람이 별로 가지 않는 외진 곳

꽃, 어버이날에

농사일이 분주할 땐 농작물만 눈에 보여
꽃을 잡초로 여겨 눈길 한 번 주잖더니
일손을 놓은 후에는 텃밭이 꽃밭이다

지나온 삶이 비록 잡초 밭 같았어도
엄니의 그 날들은 아름다운 꽃인데
오늘은 카네이션이 병실에서 졸고 있다

어버이날 그날보다 얼굴 자주 보이면
그것이 기다리는 꽃인 줄 알면서도
무심한 핑계거리만 잡초처럼 무성하다

참외

수년의 시간이 마비된 병원에서
고향집만 그리다가 시력마저 잃은 엄마
희망을 내려놓으니 눈꺼풀도 무겁다

과거와 현실의 시공을 넘나들며
수 십 년 전 외막에서 내려다 본 풍경에서
햇살을 노랗게 담은 참외 몇 개 따오란다

상황과 시간이 뒤엉키는 현실에서
고향에 다녀올 날 벽시계에 걸어놓고
늦어진 귀향보고를 전갈하여 재촉한다

휴대폰에 담아 온 고향 사진 보여주며
사온 참외에 이웃 얘기 섞어 긁어드리니
참외 꽃 노란 웃음이 어매 눈에 가득 폈다

목화

엄니도 새색시 적 연분홍 꽃이었으리

다래처럼 주렁주렁 자식 키운 지난 나날

목화솜

하얗게 벙글

그런 날을 기다리며,

목화가 뽑혀지듯 자식 모두 떠나가면

빈 깍지 가슴속에 남은 것은 찬바람뿐

병석의

어깨를 덮은

솜이불도 무게 겹다

돌확

고향집의 돌확이 고가구점 앞에 있어
엄니께 물어보니 만원에 팔렸단다
쓸모도 자식들 따라 객지로 떠나가서

눈물 가득 아가리에 부레옥잠 떠다니며
알통 굵은 팔뚝으로 물속을 휘휘저어
수 십 년 지난 기억을 건져 올려 보인다

뜨물 빛 새벽안개 한 바가지 끼얹고서
통보리 확에 갈아 기도祈禱 헹군 엄니 손에
반질한 갈돌 하나가 아침 해로 빛난다

메꽃

갈증 심한 자갈밭에 힘겹게 뿌리내려
꽃피울 그 날 위해 온몸을 아끼잖고
가난을 벗어나고자 하늘 향해 올랐다

일곱 남매 메꽃들이 별처럼 피어나서
제 잘난 꽃잎으로 나팔 불기 시작할 때
병원에 옮겨 심어져 말라가는 그 뿌리

잡초 속에 꽃으로 핀 운산댁, 울 엄니가
거친 손과 굽은 관절 병상에 내렸어도
생각은 그 들판에서 층층으로 꽃 피운다

흰 구름 떠가고

양 무릎을 로봇처럼 인공관절 시술받고
엄니의 고향 삶이 양식으로 바뀌었다
긴 다리 침대와 식탁, 새 식구로 늘었다

뇌경색 발병으로 온몸이 마비되어
모든 것 버려두고 병원에 둥지 틀고
꿈결에 고향들에서 논밭둑길 달린다

고향생각 간절할 때 흰 고무신 찾는데
시력 잃은 엄니에게 쓸 일 없다 할 수 없어
흰 구름 가리키면서 씻어 놨다 달랬다

보따리

병원에 의탁한 몸, 강산 변한 십년인데
부지런한 기억은 고향집에 머무르며
문병 온 자녀들에게 보따리를 푸는 엄니

보따리 속 내용물은 갈 때마다 바뀌어져
수십 년 전 벌꿀부터 어제 담근 청국장까지
시력은 깜깜하지만 나누고픈 마음 밝다

엄니의 굽은 손에 감사 인사 쥐어주며
궁금증 다독거려 눈 감은 엄니 꿈에
무엇이 또 숙성되어 보따리에 담길까

추상명사의 보통명사화

아버지 별세하고 엄니 홀로 지킨 것은
고향집이 아니라 내게 묻던 말 이었다
"외롭쟈?"
대답 대신에 엄니 손만 잡았다

뇌경색 발병 원인 추적하고 타박하며
잔소리가 관심인양 생색내던 철부지는
식사와 내복약보다 중요한 것 몰랐다

빈 방에 바람 휑한 그런 날엔 이명 울어
엄니가 물어 보신 그 물음에 대답한다
"외롭죠."
추상명사가 공감하면 보통명사다

추석, 달을 임종하다

추석 전날 문병 때에 눈치 채지 못했는데
추석날 조반 중에 엄니 상태 좋지 않다고
큰집에 모인 형제들 흩기 전에 연락 왔다

찬송하고 기도하며 천국 평안 빌 때에
혈압과 산소 포화도가 증가하기 시작하니
간호사 커다란 눈이 보름달로 켜진다

기운 내서 증손자까지 일일이 손을 잡고
마지막 작별인사 나누기를 여러 차례
잃었던 시력 돌아와 눈을 뜨고 둘러본다

열흘간의 추석명절 연휴에 장례 치러
자손들이 하는 일에 전혀 지장 없도록
엄니의 깊은 배려에 하나님도 양보했다

엄니의 추모일은 한가위 전날이라
보름달 거울 속에 엄니 얼굴 가득 채워
환하게 웃는 모습만 떠오르길 바란다

늦은 귀향

눈 감고 몸이 굳은 십 여 년 병석에서
"고향가자, 고향가자"
조르는 엄니에게
낼 모레, 또 낼 모레만 꿈 갈피에 넣었다

소원 풀어 드리려고 생각해낸 묘안은
휠체어도 탈 수 없어 구급차를 불러서
고향을 둘러보시면 눈을 뜰 것 같았다

그러나 그러다가 천국 먼저 가실까봐
식사를 잘 하셔야 고향 갈 수 있다면서
묽은 죽 한 숟갈 위에 잔소리를 얹었다

엄니의 그 소원도 나날이 야위더니
영혼 먼저 천국으로 떠나보낸 후에야
육신만 리무진 타고 국화 입고 귀향했다

2부
해바라기

- 해찰
- 여우비
- 갯벌
- 빈집
- 외딴집
- 폐교에서
- 낮달
- 노모차
- 그늘이 있는 풍경
- 아카시
- 해바라기
- 동백
- 수련
- 간이역과 자목련
- 신新 선운산가
- 아홉고개(九峴) 이야기

해찰*

심부름 가던 일을 구름에게 맡겨두고
들꽃과 풀벌레와 어울려 놀다보니
토끼풀 손목시계가 허기 겨워 시들었다

걱정이 그늘보다 앞장서서 길어져도
풀 섶 속에 꼭꼭 감춘 비밀을 떠올리며
해찰이 많은 아이는 망초처럼 웃었다

마파람 창을 넘어 풀냄새 싣고 오면
그날의 그 들길을 다시금 걷고 싶어
풀숲 된 머릿속에는 벌 나비가 날고 있다

* 해찰: 일에는 마음을 두지 아니하고 다른 짓을 함

여우비*

새참 전에 술 받아서 손을 옮길 때마다
무게 겨워 한 모금,
목이 말라 한 모금,
밭둑길 저 먼저 취해 몸을 비비 꼬았다

붉은 얼굴 해당화가 고개 숙인 그늘 아래
술 주전자 졸음 겨워 구름 덮고 졸고 있다
바람결 미루나무 잎 어서 오라 손짓하는데

다급해진 여우비가 아이를 깨우더니
뜀박질 뒷모습 보고 빗방울을 거두었다
손에 든 주전자에는 반나절만 남았다

* 여우비 : 맑은 날에 잠깐 뿌리는 비

갯벌

썰물이 닦아 놓은
까아만 갯벌위에

농게들이 기어 나와
다투어 글을 쓴다

그들만 아는 글자다
햇살도 바람도 모른다

갯벌의 긴 하루가
밀물에 지워지면

게들이 안고 가는
글을 담은 흙덩이

햇살은 빈손을 털며
섬을 돌아 나간다

빈집

장대 끝 맴돌던 꿈
어디로 떠났기에

거미줄 둘레둘레
메아리만 엉겨있나

온 마당
등불로 켜든
풀꽃 저리 눈부신데

지금쯤 뉘 집 앞을
지나올 바람소리

다듬이 장단 맞춰
달리던 고샅길에

낯익은
사방치기 돌
산그늘을 재고 있다

외딴집

산 그림자 길어지면
눈을 뜨는 전등불

객지로 간 아들 딸이
온다는 기별 있나

밭둑길
언덕길 너머
엄니 눈빛 달린다

폐교에서

키 작은 들풀들이 신입생으로 다가와서
오가는 바람에게 고개 숙여 절 하는데
국기 대 녹슨 그림자 돌아서서 감춘다

수업시작 종소리는 복도 가득 차 있건만
돌아오지 않는 자리 거미줄이 지켜 앉아
시간의 넋을 건져서 사려 감고 있었다

낮아진 교탁이며 좁아진 교실 안이
지금도 가슴 가득 보름달로 가득한데
탱자 울 하얀 꽃들이 별빛으로 빛난다

낮달

열대야 현상으로 깊은 잠을 못 잔 걸까
궁핍한 집안 탓에 영양 부족 현상일까
핼쑥한 궁금증 가진 그 얼굴이 나타났다

흰 구름 벗을 삼아 저물도록 노닐다가
솔바람 한 줄기에 그들 모두 흩어지면
또 다시 외톨이 되던 그 소녀를 만났다

개학 후에 비어있던 그녀의 책상위에
갖가지 소문들만 먼지처럼 쌓였는데
얼굴을 반만 내밀고 수줍게 웃고 있다

노모차*

곡식농사 공판장에 자식농사 도회지로
높은 등급 받기위해 관절 녹여 보내고서
손자가 걸을 즈음에 보답 받는 선물 있다

허리 굽은 할미들의 걸음마를 돕기 위해
중고품 유모차가 자녀 대신 모여들어
동네의 마을회관에 자가용이 즐비하다

밭둑길 터덜터덜 앞장세운 노모차에
끌려가는지 밀고 가는지 알 수 없는 보행인데
푸성귀 좌석에 앉아 도리질이 끊임없다

* 노모차: 할머니들이 사용하는 유모차를 임의대로 붙인 이름

그늘이 있는 풍경

소나기 소식마저 메마른 동네 어귀
뙤약볕만 길을 따라 부지런히 달리는데
택시는 그늘 태우고 떠날 줄을 모른다

가게 앞 느티나무 넉넉한 품 아래로
사람들 평상平床위에 그림자를 지워놓고
그 아래 강아지 또한 시름없이 졸고 있다

나뭇잎 부채로 펴 산들바람 펄럭이면
멀리서 지켜보던 햇살도 쉬고 싶어
자꾸만 욕심낼수록 그늘 점점 줄고 있다

아카시*

해거름 산행 길에 향기 먼저 마중 나와
까맣게 기억 못한 나를 깨워 이끈다

쏙독새**
쪽, 쪽 울음은
더딘 걸음 재촉하고,

게으른 봄 햇살도 산마루를 넘어갔다
어둑한 숲속 길에 가늠 없는 걸음인데

아카시
꽃 등불 켜고
마중 나와 기다린다

* 아카시: '아카시아'의 본명, 아카시아는 우리나라에 도입 될 당시의
  번역 오류임
** 쏙독새: 여름 철새로 4~5월에 날아와서 10~11월에 아시아 남부에서
  겨울을 남

해바라기

그대 향한 내 마음에
모닥불을 지펴 놓고

이제 와 맘 다스려
눈 감고 잊으라네

멀리서 바라만 봐도
꽃이 피는 눈길인데

뙤약볕에 익어가는
언어들을 뱉지 못해

까맣게 탄 가슴을
숯덩이로 끌어안고

목이 긴 기다림으로
발 돋음을 높인다

동백

눈바람 면도날로
가지가지 도려내도

입술만 꼭꼭 깨문
나날들은 별 되었네

그 신음
조인 나이테
꽃망울이 뜨겁다

수련

자신을 남보다도
높이지 않기 위해

물 높이 그 만큼에
키를 맞춘 수련 위로

해와 달
소금쟁이도
징검다리 건넌다

이웃을 자신보다
더 높여 주기 위해

이슬과 소나기로
정갈하게 손 씻고서

오롯이
정성 모아서
꽃봉오리 올린다

간이역의 자목련

오가며 보았건만 눈썹밖에 있던 것이
의식의 빗장을 풀면 나타나는 별자린가
기억의 뫼비우스 띠 헛바퀴를 돌고 있다

역사驛舍의 모퉁이에 기다리던 자목련이
역무원의 깃발들을 붓으로 말아 쥐고
피멍든 이별을 모아 빈 하늘에 편지 쓴다

열차는 소리치며 제 갈길 달려가도
붙잡힌 눈길들이 가지 끝에 매달려서
저 마다 젖은 눈물로 봉오리를 맺었다

신新 선운산가*

백제의 부름 받고 군역 나간 낭군은
보리 익을 때 온다하여 보리 목도 길어지고
못자리 개구리들도 잠 못 들고 울었다

어느 변방 전투에서 포로가 되었는지
서녘만 보고 오라던 그 약속을 잊었는지
옷고름 낙조대 위에 붉은 놀로 걸렸다

목 메여 부른 노래 핏빛으로 묻어나와
선운사 뒤뜰에 동백으로 피어나고
눈물은 동호 염전에 소금으로 쌓였다

작설차 덖어 놓은 지 몇 해가 지났건만
장수강 밀물조차 소식 아니 실어 오고
마시고 엎은 술병만 병바위로 굳었다

* 선운산가[禪雲山歌]: 백제시대에 고창의 한 지아비가 나라의 부름을 받아 군역을 나갔다가 기한이 지나도 돌아오지 않자 지어미가 선운산에 올라가 지아비를 기다리며 부른 노래로 원본은 전하지 않고 제목과 내용만 전한다

아홉 고개(九峴)* 이야기

매봉재 넘어 왕자굴까지 타령조로 오르던 길
촛대바위, 장군바위보다 큰 나뭇짐이 내리던 길
잡목들 막아선 길에 메아리도 떠났다

고무신에 까까머리 책보자기 가로 매고
가막재 넘어가며 보리피리 불던 동무들은
띄우던 고무신 배 타고 꿈을 좇아 어딜 갔나

알뫼장과 외지로 가던 방죽 주막 고개 아래
가슴 속 감춘 눈물 방죽 가득 벙벙하고
버들은 제 몸 담그고 옛 이름을 낚고 있다

시정에 올라보면 지금도 들려오는
칠석날 별 보다 많은 어른들의 옛날 얘기
구름도 방장산에서 턱을 괴고 기다린다

능사골 넘어가는 잔등처럼 허리 굽어
지치고 허기진 몸 잔등마루에 쉬던 노인
몇 몇은 그 잔등 밭에 봉분 짓고 잠들었다

대밭사이 뚫린 길은 상굴 굴재 질마재 길
댓잎이 서걱 일 때 두런두런 길손 소리
밤길엔 머리카락이 죽순 솟듯 솟았다.

대숲재 지나 화시봉에서 기우제를 지내면
마파람에 실려 올까, 하늬바람에 실려 올까
가뭄에 단비로 내릴 객지로 간 가족 소식

모시밭 가운데서 방자 징을 크게 치면
우 고샅 아래 고샅에서 달려 올 그 또래들
지붕 위 하얀 박만한 웃는 얼굴 그대로

아홉 고개 넘고 넘어 골 안에 들어서면
돌담이며 감나무도 허리 낮춰 인사하고
품앗이 나누는 정이 동이호박 열리는 골

* 아홉고개 마을: 전북 고창군 부안면 상등리 소재. 구현(九峴) 또는 구고개라고도 부른다.

- 2월은
- 5월, 꽃들의 수다
- 9월이 오면
- 10월의 감나무
- 11월의 지하도
- 세모歲暮에
- 감기
- 마을버스에서
- 꽃보다 남편
- 꽃의 온도
- 장미, 2014
- 100년이 지난 봄
- 유왕골에서
- 운초(雲楚)에게 운(韻)을 떼다
- 천호지에서
- 태조산에서

3부
10월의 감나무

2월은

새해인사 나누기에 분주한 1월 지나
새 학년이 시작되는 3월의 사이에서
새 기분 이어가도록 날 수 가장 짧은 달

어서 빨리 겨울 추위 보내고픈 조급함과
어서 빨리 새 봄을 맞고 싶은 설렘 담겨
하루해 무게 겨워서 더디 가는 2월 내내

가장 짧은 달이지만 가장 긴 기다림이
이 달의 날짜 속에 잉걸불로 타고 있어
2월은 일 년 중에서 가장 뜨건 달이다

5월, 꽃들의 수다

5월의 산과 들에 꽃들이 모여 앉아
산꽃은 산꽃끼리 들꽃은 들꽃끼리
저들만 아는 대화로 수다가 한창이다

꽃들이 여자들을 닮아서 아름다운지
여자들이 꽃들을 닮아서 수다스러운지
하여튼 꽃의 수다를 여자들은 알겠다

밥보다 수다를 좋아하는 꽃과 여자
남자들은 그 수다를 알아듣지 못하기에
꽃들과 여자를 보면 배고프다 보챈다

9월이 오면

웃자라던 기세를 접는
나무며 곡식들,
잎마다 두텁게 살이 찌기 시작하고
맑아진 강물에 비친 그림자도 묵직하다

풀벌레 노래 소리
낮고 낮게 신호 보내면
목청 높던 매미들도 서둘러 떠나고
들판의 열매들마다 속살 채우기 바쁘다

하늘이 높아질수록
사람도 생각 깊어져
한줄기 바람결에서 깨달음을 얻을 줄 알고
스스로 철들어가며 여물어 가는 9월

10월의 감나무

감꽃처럼 떠나간 자식들 돌아오면
가을을 나누고픈 어머니의 그 마음이
가지에 붉은 보따리 주렁주렁 매달았다

누군가 다녀갔는지 수척해진 감나무
앙상한 뼈마디에 가을바람 시려도
우듬지 붉게 타는 감 동구 밖을 바라본다

오가는 새들에게 몸을 나눠 주면서도
또 다른 기다림을 등불로 매달고서
고향집 홀로 지키는 어머니를 닮았다

11월의 지하도

11월의 바람이 겨우살이 재촉하러
이곳저곳 쏘다니다 제풀에 지쳐서
빙그르!
지하도 입구에서
어질 머리 앓고 있다

바람에 쓸어 모인 낙엽 같은 노숙자들
지하도 구석에서 등 굽은 채 모여앉아
바스락!
가랑잎 같은
얇은 꿈을 꾸고 있다.

굴절되어 들어오던 신문지만한 햇살도
바람에 펄럭이며 되돌아 나가고
후다닥!
조급한 걸음
꿈속에서 울린다

세모歲暮에

세월은 일방통행
표지판을 가리키며

계절을 재촉하여
한 쪽 길만 고집한다

금지선
무시하고서
역주행하고 싶은
이맘 때

감기

반쪽만 먹으라던
빨간 콧물 약을

빨리 나을까봐
통째로 먹었나

겨울 해
감기약 취해
노을빛이 더 붉다

지하도가 콧속처럼
뻑뻑하게 막히고

그렁그렁 가래 끓는
자동차의 배기통들

붐비는
퇴근길 위에
감기 걸린 차가 많다

마을버스에서

'카드를 다시 대 주세요'
'이미 처리 되었습니다'

교통카드 단말기가
사람들을 놀려대도

순박한
역세권 밖 사람들
순종에도 익숙하다

꽃보다 남편

코로나19 소식이 스산한 경칩 날에
때 늦은 점심 끼니 해결하러 찾은 식당
손님은 우리 내외와 창가의 화분 몇 개

준비하는 아저씨께 마스크 벗은 아내가
꽃들이 예쁘다며 분위기를 덥히는데
화분이 귀찮다면서 버리라고 했단다

장보러 간 사모님이 아저씨를 버려도
화분은 안 버린다니 꽃들도 웃는데
때 마침 귀가한 부인 반기는 건 남편뿐

꽃의 온도

온도 낮은 햇살 받은 봄꽃들은 얇디얇고
양지쪽 꽃들이 음지보다 먼저 피며
불시의 꽃샘추위에도 얼지 않고 견딘다

뙤약볕에 온 세상이 달아올라 뜨거워도
녹거나 타지 않고 냉정함을 잃지 않아
오히려 여름철 꽃이 시원하게 느껴진다

늦가을 된서리에도 의연한 국화들은
봄부터 먹은 햇살 꽃잎에 겹겹 쌓아
향기도 더욱 진하고 보는 눈을 밝힌다

일 년의 햇살 먹고 겨울에 피는 동백
꽃잎 더욱 새빨갛고 꽃술에 불꽃 일어
꽃들이 아는 온도로 수 천 도쯤 되겠다

장미, 2014년

'세월호'의 슬픔으로 눈물 많이 흘린 눈에
올해 더욱 장미꽃이 붉디붉어 보이건만
감탄사 침몰 된 채로 우울증을 앓는다

꽃들이 울 너머로 손 흔들어 인사해도
오가는 보행인의 답례조차 실종되어
한 낮의 보도블록엔 한숨만이 푹푹 찐다

적록색맹 앓는 세상 흑백만이 존재하듯
유채색의 감정은 사라진지 이미 오래
눈 붉은 장미꽃 위로 회색 하늘 무겁다

100년이 지난 봄

기미년 3월부터 한반도의 새봄은
나뭇가지 팔을 들고 바람은 숨을 모아
대한의 '독립만세'를 외치면서 시작된다

봄소식을 알려주는 버들가지 바람꽃은
꽃샘추위 견디려고 털옷을 입었어도
태극기 추위도 잊고 방방곡곡 꽃핀다

목숨 걸고 부르짖던 만세소리 여음 길고
품속에서 꺼내들은 태극기도 따뜻한데
남북이 '통일만세'를 외칠 날은 언제일까

유왕골에서

천안시 동남구 목천읍 덕전리에 가면
백제 시조 온조왕이 직산의 위례성에서
백성과 농사지으러 유왕골로 나왔고

고려 태조 왕건은 태조산과 성거산을
천연 요새 병풍 삼고 이곳에 머무르며
후백제, 통일 신라를 도모했다 전하는데

위례성은 하남시로, 고려는 개성으로
제각각 정해지고 인적 드문 골짜기에
개들의 쉰 목소리만 고샅길에 가득하다

운초(雲楚)*에게 운(韻)을 떼다

성천에서 맺은 사랑 태화산**에 심어 놓고

백 오십 년 지났어도 싹이 트지 않은 것은

망각이 호두보다도 단단하기 때문인가

뒤늦게 기억하여 문안하는 시객들이

그대의 넋을 깨워 사죄하며 청하노니

'시' 자로 운을 받아서 답 시 한 수 주소서

---

* 운초, 김부용(金芙蓉): (1820-1869) 황진이, 이매창과 함께 조선 3대 명기(名妓) 중의 한 명
** 태화산: 천안시 동남구 광덕면에 있는 산, 광덕산 이라고 부름

천호지*에서

저녁 해 아쉬움에 고가 위에 서성일 때
해 짧은 오후 나절 마음마저 둘 곳 없어
천호지 한 바퀴 돌며 몸과 마음 덥힌다

하고픈 언어들은 저 물처럼 가득한데
가슴속 물가에는 살얼음만 끼어있고
한참을 지켜보던 해 그도 지쳐 돌아갔다

노을이 눈시울에 뜨겁게 차올라서
바람에 식혀질까 되돌아 걷는 길에
어둠은 눈물 보이지 않게 서둘러서 내린다

* 천호지: 천안시 동남구 안서동과 신부동에 걸쳐 있는 저수지

태조산에서

벼르고 벼르던 태조산 산행을
칠월의 말일에 큰맘 먹고 행했더니
소나기 앞장서가며 무더위를 식힌다

초행의 등산길이 지루하지 않도록
적당한 간격으로 노랑 나리 마중 나와
땀 젖어 무거운 걸음에 나비 날개 달았다

남으로 흑성산은 독립기념관 품고 있고
북으로 성거산에 순교 성지 있다는 걸
이정표 갈림길에서 마중 나와 알린다

- 변성기
- 어느 봄날에
- 세월을 염색하다
- 아내의 공부
- 코스프레
- 밥7
- 조기와 자린고비
- 두릅
- 낙지부동
- 술
- 꽃이 진다
- 햅쌀을 받고
- 선운산의 동백꽃
- 는개비
- 앙코르
- 함박눈 내리는 날이면

4부
세월을
염색하다

변성기

사춘기 봄바람이 회오리를 일으켰다
가슴은 펄럭이고, 생각은 어지럽고,
후두에 혹으로 맺힌 고민만 커졌다

양지쪽 풀잎처럼 솟아나는 많은 말을
쉰 목소리 가다듬어 열심히 연습해도
한 마디 뱉지 못하고 목구멍에 엉겼다

어여쁜 여학생이 옆자리에 앉고부터
얼음장 뚫고 나온 새싹 같은 감정 속에
소설의 주인공들은 너와 나로 바뀌었다

수 십 여년 지난 후 어느 봄날 다시 만나
고백 못한 그 때의 말 뱉으려고 노력해도
봄바람 목구멍에서 목이 쉰 채 잠겼다

어느 봄날에

중학 졸업 무렵에 몇 글자 주고받고
이립에 엇갈리어 인연이 닿았지만
바람에 흩어진 구름 먼 하늘로 떠났다

기억 속 단발머리 그 시절의 소녀가
수 십 년 외국생활 접어두고 온다하니
달력은 설렘과 걱정으로 저 혼자서 펄럭인다

소년과 소녀가 이순耳順의 나이 되어
평행선 그 끝에서 소실점으로 만날까
느긋한 봄 햇살 속에 철쭉꽃만 애가 탄다

세월을 염색하다

연갈색으로 멋 내기를 좋아하는 아내와
진갈색으로 오래가길 좋아하는 남편이
양보를 반반 섞어서 파뿌리를 염색한다

머리를 만지는 이는 측은지심 앞서고
머리를 맡긴이는 순종으로 고개 숙여
감정을 반반 묻혀서 육순 세월 감춘다

서로의 마음을 헹궈주고 말려보면
얼굴의 주름살은 쫙 펴져 뵈지 않고
푸르던 젊은 날들이 미소 속에 보인다

아내의 공부

우편함에 꽂혀 있는 전단지를 가져와서
다른 마트 전단지와 비교하고 분석하여
날짜별 할인 품목을 꼼꼼하게 공부한다

예습이 끝나면 현장학습 가야하고
그곳에는 꼭 나를 데리고 가야한다
운전수, 짐꾼으로서 맡은 임무 무겁다

참고 될까 건넨 말은 폐기물에 버려지고
문제풀이 그 시간이 답답하고 더디지만
인내심 수레에 싣고 따라 다닐 일이다

코스프레*

'춘향전'의 사랑은 신분을 극복했고
현실의 부부는 긴 세월을 극복했다
경계을 허무는 것은 밀물 같은 사랑뿐

이 도령과 성춘향이 대단원에 해후하듯
도령과 아씨는 늘그막에 해후하여
그 날의 감격을 입고 광한루 앞에 섰다

합죽선 모아 쥐고 지나 온 삶 가리키니
춘향전의 '사랑가'가 연못위에 물결일고
오작교 비질을 하던 버들가지 춤춘다

* 코스프레: 게임이나 만화 속의 등장인물로 분장하여 즐기는 일

밥7 - 가장 맛있는 반찬

자신 위해 상 차릴 기간이 오래되면
입맛, 밥맛, 다 떨어져 끼니 걱정 우선이다
삶에서 가장 중요한 것 비로소 깨닫는다

얻어온 귀한 인심 아끼고 아껴먹고
남의 손에 얻은 한 끼 감사로 트림하며
세상에 가장 감사한 것 비로소 깨닫는다

혼자 먹는 식사가 가장 맛없는 식사라면
마주 앉아 식사하는 내 앞의 당신이야말로
세상에 가장 맛있는 반찬임에 틀림없다

조기와 자린고비

아내가 모셔 온 손가락만한 조기 보니
물건의 가격보다 새끼줄이 더 비싸겠다
겉치레 중시된 세상 이것에도 묶여있다

동지나해에서 서해까지 험난한 여정 중에
유래 없는 폭염으로 땀을 많이 흘렸는지
반 건조 조기의 맛이 맨 소금에 가깝다

자린고비네 천장에 거꾸로 매달아도
몇 년은 버틸만한 기운이 있다면서
조기들 눈 부라리며 입 벌리고 외친다

두릅

지리산 골짜기와 봉우리의 생태계를
샅샅이 꿰고 있는 동창인 사돈께서
진액이 끈끈한 온정 택배로 보내왔다

두릅 향이 집안 가득 피톤치드 펴 놓으면
정신은 뱀사골의 맑은 물에 헹궈지고
시야는 천왕봉 넘어 아스라이 트인다

데쳐서 고추장에 찍어서 맛을 보면
유년에 뛰어놀던 고향 뒷산 냄새나고
새순을 피우던 햇살 입 안 가득 퍼진다.

낙지부동

손자 앞에 재롱떠는 육순의 나이되어
명퇴나 조퇴 따윈 당하지 않으려고
회사의 이름판 위에 빨판 붙여 사는 친구

수 십 년 버틴 덕에 아비 노릇 다 해왔고
서서히 힘 빠지는 다리를 추스르며
일없는 또래들에게 웃음 한 잔 살만하다

갯벌 속 경쟁에서 악착같이 살아나와
임금피크 물리치며 머리를 조아리고
몇 년 더 달라붙어서 꿈틀거릴 일이다

술

중학교 동창들과 함께하는 가을 소풍
수십여 년 되돌아가 기억은 샘물인데
반백에 감춘 성격은 소주에 판명된다

뒷자리 형님 같던 동무들은 순해지고
귀엽고 순진했던 앞자리의 동무들은
가끔씩 술기운 빌어 목소리가 커진다

오갈 때 마시도록 관광버스에 실은 소주
출발 일에 모두 비워 냉장고도 배고픈데
상경 중 배사장들이 술 찾느라 혈안이다

1박 2일 취한 채로 따라 다닌 친구가
술 있다며 정신 차려 짐칸 모두 뒤졌는데
배낭은 리조트에서 취한채로 잔다한다

꽃이 진다

겨우내 말라버린 내 우듬지위에

눈웃음 얹어놓아 불타는 가슴인데

시간의 파편 조각이 맴돌면서 흩날린다

열매를 맺기 위해 꽃잎이 진다지만

맺지 못한 열매를 어디 가서 얻을까

한숨은 황사가 되어 눈앞이 뿌옇다

햅쌀을 받고

고향을 지키며 농사일을 하던 친구
일손을 내려놓고 하늘나라로 쉬러 갔다
그의 땀 굳어져 맺힌 쌀알 알알 남기고

친구의 아내가 그의 유산 보내왔다
시야 흐린 안타까움 뜨물 없이 씻어내고
밥 지어 퍼 놓고 보니 향연 같은 김 오른다

먹고 또 먹어도 배부르지 않는 밥
배고픔보다 더 허기진 보고픔 때문일까
그 쌀이 떨어질 때 까지 먹어야할 아픔이다

선운산의 동백꽃

40여 년 전 흩어졌던 봄 소풍의 기억들이
전국의 각처에서 선운산에 모여들어
햇살을 가득 머금은 꽃술 되어 눈부시다

송이송이 꽃이 된 그 시절의 동무들
모여서 어깨 겯고 나누는 밀린 얘기
발자국 남긴 곳마다 동백 숲을 이뤘다

오랜만에 동백꽃을 가슴에 담은 올 봄
동백꽃 그보다 붉은 기쁨이 지지 않아
봄 내내 계절병 없이 동백처럼 웃겠다

는개비*

산마루 가려놓은 구름 안개 헤쳐가면
잎에서 물방울이 후두둑 떨어지며
고요를 깨우는 것이 느개비라 알듯이

옆자리 그대에게 말하지 않아도
느개비에 젖듯이 서로에게 배어들면
눈빛만 스쳐 지나도 사랑이라 알듯이

자녀에게 하고픈 말 다 하지 못하고서
눈치로 깨우치길 바라며 보인 행실
느개비 물방울 맺듯 부모 뜻을 알기를

* '느개비'는 안개보다는 조금 굵고 이슬비보다는 조금 가는 비

앙코르

아프리카 소녀가 피아노를 치면서
손때가 짭짤하게 밴 동요집을 보여준다
몇 장은 개구쟁이처럼 쪽수에서 달아났다

청중의 듣는 귀를 즐겁게 하기위해
노래를 부르지 않은지 오래건만
반주가 잠든 기억을 하나하나 깨워준다

소녀는 어른이 되고 어른은 소년이 되어
소년이 아는 노래만 반주해주는 어른 따라
소년 된 그날의 가수 무관객이 다행이다

함박눈 내리는 날이면

눈 보다 더 하얗게 빛나던 나타샤*
눈보라 속에서 커다란 눈 반짝이며
그녀가 가슴 속으로 뜨겁게 파고든다

바람이 사뿐사뿐 발꿈치 들고 나오면
함박눈은 왈츠의 박자 타고 춤을 추고
세상은 무도회장으로 새하얗게 변한다

축제 끝난 창밖 세상 쌓인 눈에 고요하다
일상의 전쟁 중에 비로소 맞은 짧은 평화
그녀를 만난 날이면 벅찬 설렘 여운 길다

* 나타샤: 톨스토이의 '전쟁과 평화'에 나온 여 주인공

5부
본인 맞습니까

- 보리 익을 무렵
- 감자
- 동전과 인생
- 씨를 심는 나날
- 삶은
- 현무암
- 중환자실에서
- 빗물
- 삭제
- 나는 누구일까요
- 밥5
- 바람개비
- 본인 맞습니까
- 파라독스
- 일상의 부호
- 인생의 부호

보리 익을 무렵

사래 긴 목마름에 불볕 타는 보리밭
건너편 물병까지 낫으로 길을 뚫는
할머니 굽은 등 위로 하루해가 업혀 간다

육자배기 타령조로 산 그리매 길어지면
목메기 길게 울어 귀가 길을 재촉이고
초승달 허기에 지쳐 배가 등에 붙었다

저녁 짓는 아궁이에 보릿대 타는 소리
호롱불 선잠자다 그 소리에 놀라 깨도
아이의 설익은 꿈은 가마솥에 눋고 있다

감자

감자가 별로라서 엄니께 물어보니
잡히는 건 무엇이든 집어 먹던 유아기에
기도에 감자 막혀서 천국 갈 뻔 했다 한다

가뭄 든 채소처럼 그 후로도 비실대서
십 여리 달려가서 체 내고 돌아오며
해거름 나는 새에게 종알종알 하더란다

감자를 좋아하지 않는 것도 여전하고
노을을 바라보며 깊은 생각 여전하다
붉은 놀 눈에 체하면 감자 먹은 가슴 된다

동전과 인생

10환을 1원으로 값을 치던 초등시절
10환짜리 동전 들고
눈깔사탕 곁눈질하다
마음을 연필심으로 단단하게 굳혔다

10원짜리 라면으로 객지 생활 감사하며
500원의 학처럼 비상할 날 꿈꿨지만
현실의 뒤꽁무니를 흙 수저로 긁었다

성실과 정직은 일기장에 덮어놓고
어느 덧 가치 없는 1환짜리 나이 되어
마음만 새 동전일 뿐 파란 녹슨 몸이다

씨를 심는 나날

입에서 나오는 말씨에 사랑 담겨
얼어붙은 맘 녹이는 따뜻한 햇살 되고
사랑의 냇물 이루어 온 누리에 넘치기를

남보다 앞장서서 궂은 일 먼저하며
비록 두 손이 거칠고 볼품없어도
솜씨가 닿은 곳 마다 눈부시게 빛나길

글씨로 풀어 놓는 마음의 깊은 뜻이
타인의 눈 속에서 꽃 한 송이 피우기를
오늘도 머리 숙이고 잠잠히 기도한다

삶은

열일곱 촌놈이 완행열차로 상경했다
더딘 시간과 혼잡함이 어둠속에 설레는데
가난을 벗어나고픈 마음만 급행이었다

밤새도록 추위에 떨며 열차에서 배운 공부는
'삶은 달걀이요', '삶은 달걀입니다' 였다
왜 삶이 달걀인지를 당시에는 몰랐다

열일곱 아들과 이동판매 대신 열차카페에서
맥반석 군 계란을 완행으로 먹는다
하고픈 말은 많은데 열차가 급행이다

나 홀로 상경했다가 아들과 귀향하며
하얀 달걀이 까만 계란으로 바뀐 세대와
삶이란 삶은 달걀을 목 메이게 먹는 것인가

현무암

동족상잔 전장에서 피아구분 벗어놓고
현무암 바위들이 폭포아래 멱 감는다
그날의 상흔자국에 가슴 숭숭 뚫린 채로

휴전한지 육 십 여년 전역한지 삼 십 여년
삼 십 년 차 부자가 직탕폭포 앞에 서니
하얀 이 드러내놓고 웃고 있는 폭포수

새까만 이병의 시간 한탄강에 헹궈주고
철조망 울안으로 아들 넣고 돌아서니
현무암 가슴에 얹혀 아비 걸음 무겁다

중환자실에서

출혈과다, 그 이후엔 죽는 것이 더 힘들다
고통 없이 죽는 것이 행복임을 알았을 때
의식이 추위 속에서 새나가고 있었다

마취도 하지 않고 수술하는 급박함도
생명이 있을 때에 효과가 있나보다
죽기도 힘에 부치면 살려 달라 기도한다

좌우에서 들려오는 비명과 헛소리
수혈이 막히는 처음 겪는 고통 속에
지옥은 중환자실에서 시작되고 있었다

끈질긴 생명이 기계에 연결되어있다
얼키설키 꼬여있는 지난날의 삶처럼
죽음과 살아있음이 줄타기를 하고 있다

실핏줄, 따스함이 화면 속에 물결치면
자동혈압 측정기가 풀어 놓는 아침 해
창문에 날 밝는 소리 심장박동으로 들렸다

어제와 내일의 중간지대가 까맣게 타 버린 채
하루 만에 세 번째, 어둑한 수술실,
강제로 벌려놓은 입으로 오늘을 토한다

빗물

눅눅한 기억을 어둠 속에 펼쳐 놓고
눈물 찍어 적어 보는 안개 낀 얼굴들을

빗물은
잊으라면서
빗금으로 덮는다

소리쳐 불러보는 상관없는 이름들이
목안에 통소 소리 헛바람만 새고 있다

흐느낌
들리지 않도록
빗발 더욱 굵어진다

삭제 - 일기장을 없애며

기억을 지우기 위해 포맷을 실행한다
내 유년의 고독부터 홀로서기 과정까지
문서로 저장해 놓은 기억들을 지운다

날줄과 씨줄의 셀 안에 잡힌 넋을
가로와 세로로 찢어서 풀어준다
바람에 날리는 시간 낙엽으로 흩날린다

아픈 것은 가슴 아닌 로딩중인 손끝이다
수고를 덜기위해 불속으로 입력해도
몇몇의 바이러스는 재속에서 살아있다

창조주가 설정해 놓은 입력 오류 삶일까
아니면 어디선가 프로그램이 엉킨 걸까
해답을 구하기 위해 리셋하는 또 하루

나는 누구일까요

요즘 더욱 기력 없어 눈감고 계신 엄니
인기척을 숨겨놓고 가까이 다가가니
전등불 눈 크게 뜨고 엄니 얼굴 비춘다

"누구냐?"
"알아 맞춰보세요!"
"막내냐?"
"아니에요!
"그러면 넷째구나!"
세 마디 버거운 대답
눈도 입도 닫았다

목소리를 들려주면 알아보던 엄니에게
셋째라며 이름까지 알려주고 또 물어도
하루를 닫는 어둠이 엄니 눈에 무겁다

엄니 손을 끌어 당겨 얼굴을 만지게 하고
두 손을 맞잡고서 평안하길 기도하면
반기며 반응하시던 '아멘'마저 묵묵부답

금식 팻말 매달고서 주사액에 연명하니
매달린 소변 주머니 그도 따라 굶고 있다
엄니가 모르는 아들 무심하게 배고프다

밥5 - 엑소더스 그 이후

금식과 굶식으로
홍해를 건넌 후에

물 한 모금,
밥 한 숟갈에
고개 절로 숙이련만

눈길은 밥상 밑에서
메추라기 쫓고 있다

마라의 쓴 물이
단물로 바뀌고

오늘 족한 만나로
숟가락을 들고서도

염려는
내일을 퍼 담아와
밥상위에 썩힌다

바람개비

실체가 없어도 존재한다고 믿는 것은
당신이 지나갈 때 생명을 불어주어
고요가 깨어 나와서 힘을 다해 돌지요

바람개비 보고서 바람을 알면서도
당신이 계시지 않는다는 사람들은
무엇이 바람개비를 돌린다고 할까요

난 정말 당신의 바람개비 되겠어요
명지바람*에 꽃이 되고 된바람**에 눈발 되어
당신의 그 말씀 따라 순종으로 돌지요

* 명지바람: 보드랍고 화창한 바람
** 된바람: 뱃사람들의 은어로, '북풍'을 이르는 말

본인 맞습니까

중1때 파월 장병에게 위문편지 보냈더니
전교에서 가장 먼저 받아든 답장에는
서두에 '꿈 많은 소녀'로 얼굴 붉게 하더니,

졸 시가 일간지에 가작으로 뽑히고서
팬레터 수 십 통에 절반은 행운의 편지
절반은 뭇 남성들이 관심 담겨 있었고,

요즘은 텔레마케터가 어김없이 묻기를,
'통화하시는 분은 본인이 맞습니까'
짜증도 발효 잘 되면 대답이 향기롭다

파라독스

태어난
아기 울 때
가족들은 활짝 웃고

이 세상
이별할 때
지인들은 슬피 울고

웃음과
울음사이에
한 생애가 지난다

일상의 부호

저녁 해 산마루에
마침표로 앉으면

발자국 눈길 위에
쉼표로 옮기는데

그림자 오늘을 돌아보는
물음표로 따라온다.

Daily Marks

When the sun sits at the hilltop
as a period in the evening,

I leave commas by my footprints
on the road covered with snow,

My shadow, as a question mark
about today, follows me.

인생의 부호

어린 눈에 비친 세상
물음표가 참 많았지?

사랑에 눈을 뜨면
빗방울도 느낌표!

젊음이
타오를 때는
쉼표마저 불태웠고,

"큰따옴표"
가슴속에
야망 가득 채웠지만

부서지고 깨어져서
남은 것은 말줄임표…

내 삶의
마침표 뒤엔
무슨 부호 남을까

평설

〈김향기 시조 평설〉

모태 회귀욕과 기도의 시학

김 봉 군
문학평론가
가톨릭대학교 명예교수·시조시인

1. 여는 말

  시조는 촉기로 쓰는 글이 아니다. 시조는 체화體化된 경험들이 창조적 상상력의 우주에서, 원초적 리듬에 실려 모가 닳고 곰삭은 언어 표상으로 재현될 때 그 실체를 드러낸다.

  시조는 본디 노래(창)였다. 노래를 잃은 근·현대 시조는 3~4음절을 기본 음보로 한 3장 6구 12음보의 완급률緩急律로 정감과 사유思惟의 탄성彈性을 조율한다. 시조는 32갈래 우리 고전 문학 장르 가운데 지금까지 살아남은 유일한 고유의 한국 문학 양식이다.

  유능한 시조시인은 응축 지향의 구심력과 확산 지향의 원심력이 조성하는 긴축된 시조 형식에 리듬을 실어 충전도 높은 시조 미학을 창출한다. 시조는 음절 수·고

저장단·강약 등의 틀에 맞춰진 다른 나라 정형시定型詩와는 달리, 독자로 하여금 '절제된 자유'를 누리게 한다. 시조는 음절 수에는 다소의 넘나듦이 있으므로, 자유시보다 가지런한 정형시整形詩다. 가령 음절 수가 5·5·7로 고정되어 있는 일본 정형시 하이쿠俳句와 달리, 우리 시조는 음절 수의 가감이 허용되므로 유연성이 있다. 시조가 K-poem으로서 세계 무대에 진출하기에 유리한 까닭이다.

고시조가 직설과 영탄의 화법話法으로 독자의 정감에 주로 호소하였다면, 현대 시조는 비유·상징·아이러니·역설·의사 진술擬似陳述 등의 가붓한 '소통 지연 장치'로써 감수성과 사유의 깊이를 가늠케 한다.

김향기 시인의 시조는 절제와 자유, 소통의 미학을 어느 위상에서 실현하고 있는가? 설레는 마음으로 정독하기로 한다.

2. 김향기 시조의 특성

김향기 시인의 시조를 자연, 향토, 가족, 사회, 역사, 초월과 구원의 위상으로 나누어 읽는다.

(1) 자연

우리 전통 미학은 자연 서정에 친근하다. 김 시인의 시조 가운데 자연 서정의 순수한 아름다움에 착목한 작품이 18편 정도다.

　마파람 창을 넘어 풀냄새 싣고 오면
　그날의 그 들길을 다시금 걷고 싶어
　풀숲 된 머릿속에는 벌 나비가 날고 있다

〈해찰〉이다. 어린 시절의 시공이 회상의 시심에 떠올라 있다. '일'로부터 마냥 자유로웠던 유년의 기억 속에 재현된 자연 표상들이야말로 순수 그 자체다. 노동과 의무에 매이지 않았던 유년기의 그리운 상념을 환기하는 데 후각과 시각을 동원한 자연미가 숫되기 그지없다. 풀 냄새와 풀 숲과 벌 나비와 시의 화자 (서정적 자아) 가 다 자연의 전일성全一成으로 하나가 된 자연 자체. 자연과 인간이 분리detachment가 아닌 '만남'의 세계를 보여 준다.

　다급해진 여우비가 아이를 깨우더니
　뜀박질 뒷모습 보고 빗방울을 거두었다
　손에 든 주전자에는 반나절만 남았다

〈여우비〉다 여우비, 아이, 주전자가 객관적 상관물이다. '깨우더니, 거두었더니, 반나절만'은 의사 진술psedo-statement이다. 여우비가 아이를 깨우고, 빗방울을 거두는 의인화, 술 반 주전자를 시간화하여 반나절이라 한 수사는 의사 진술이다. 이런 의사 진술의 창조적 화법 덕에 이 작품이 비시非詩의 위기에서 깨어났다. 술 심부름 갔다 오는 아이가 주전자 주둥이에 입을 대고 한 모금 두 모금, 마시고 오다가 어리마리할 즈음 여우비에 정신이 번쩍 나서 뜀박질한다. 안쓰러워진 여우비가 빗방울을 거둔다. 착상과 표현이 재미있지 않은가.

그대 향한 내 마음에/ 모닥불을 지펴 놓고// 이제 와 맘 다스려/ 눈 감고 있으라네// 멀리서 바라만 봐도/ 꽃이 피는 눈길인데// 뙤약볕에 익어가는/ 언어들을 뱉지 못해// 까맣게 탄 가슴을/ 숯덩이로 끌어안고// 목이 긴 기다림으로/ 발 돋움을 높인다

〈해바라기〉다. 서정시의 광맥인 그리움, 기다리는 마음을 절절히 읊었다. '모닥불 피워 놓고', '뙤약볕에 익어 가는', '숯덩이로 끌어 안고', '발돋움'이 그런 마음의 구상화具象化, 보여 주기showing다. 현대시는 들려 주기telling보다 보여 주기에 친근하다. 지혜의 시, 잠언시가 아닌 한, 보여 주기 화법으로 된 것이 현대시다. 현대 시조도 다르지 않다.

눈 바람 면도날로
가지가지 도려내도

입술만 꼭꼭 깨문

나날들은 별 되었네

그 신음
조인 나이테
꽃망울이 뜨겁다

〈동백〉이다 2,2,3행 형에 3개 연으로 배열한 형태가 안정감을 준다. 동백의 붉디붉은 표상의 비의祕義를 탐색했다. 동백꽃의 비밀스런 생태는 절절한 인고忍苦의 역정歷程이다. 인고의 정서는 우리 전통 미학의 정수다. '이화에 월백하고 은한이 삼경인데' (이조년) '어저 내 일이야 그릴 줄을 모르던 가' (황진이) 등에 접맥 되는 것이 〈동백〉이다. 잠 못 이루고 뒤척이는 전전반측, 초려焦慮의 정서를 단아한 동백꽃의 표상이 아프게 품고 있다.

오가는 새들에게 몸을 나눠 주면서도
또 다른 기다림을 등불로 매달고서
고향집 홀로 지키는 어머니를 닮았다

〈10월의 감나무〉다. 감이 등불과 어머니 몸으로 표상화 했다. 가붓하면서도 창조적인 메타포다. 외국동화 '아낌없이 주는 나무'에 조응된다. 크리스천인 김향기 시인다운 상상력의 표출이다.

옆 자리 그대에게 말하지 않아도
느개비에 젖듯이 서로에게 배어들면
눈빛만 스쳐 지나도 사랑이라 알듯이

〈느개비〉다. 안개와 이슬비 사이의 가랑비와 사랑의 비유적 화법이 촉촉이 마음을 적시는 시조다. 우리 전통 정서가 품은 은근의 미학이 느개비를 매개로 하여 좋이 영글었다. 이심전심, 심심상인, 교외별전의 묘리妙理다. "말하지 않아도 다 안다. 암, 알고 말고"의 그 눈빛이다.

김향기 시인은 해찰, 여우비, 해바라기, 동백, 감나무 등 우리의 '자연 낙원' 표상에 친근한 소재들을 취택하여 창조적 상상력을 발휘했다. 그의 시조가 우리를 친근의 에너지로 견인하는 이유다.

(2) 향토

김향기 시인의 서정적 상상력은 모태母胎 회귀욕에 집중되어 있다. 무려 시조 40여 편이 이와 관련된 작품들이다.

마차 바퀴 물 괸 자리 얼어붙은 달빛 밝다
장에 가신 아버지를 마중 나간 고무신은
까맣게
언 땅 밟아야
발이 젖지 않았다

밝은 길이 반드시 좋은 길이 아닌 것을
칠 문짜리 고무신이 추워 떨며 배웠다
십 문 칠
하얀 고무신
달빛 취해 철벅였다

〈겨울밤〉이다. 시조 배열 형태에 주목하자. 시조 두 수를 동형 반복으로 제시하여 주목을 끈다. 형태가 가분수형이라 불안정감을 주나, 표상화된 주제를 강조하는 효과가 있다. 행간을 한 줄씩 띄었으나, 여기서는 지면을 고려하여 붙여 썼다.

장에 가신 아버지를 마중 나갔던 유년의 기억을 되짚었다. 겨울날 어둑저녁인데 길바닥 물 괸 자리에 달빛이 어렸다. 우리 전통에 친근한 달빛의 박명薄明미학이다. 둘째 수의 '달빛 취해 철벅였다'의 종결 처리 기법이 절묘하다.

여기서 '고무신'은 화자의 자아 표상으로서, 의사 진술로 표출되었다. "십구 문 반이 왔다. 아비가 왔다"고 한 박목월의 시 〈가정〉과 닮았다. '밝은 길이 반드시 좋은 길이 아닌 것'을 배운 아포리즘이 주제다. 잠언시류에 든다.

병원 밖 목련 망울 붓으로 솟아나와
엄니 대신 기도문을 하늘에 쓰고 있다

부활절 밝은 햇살에 그 소망이 부활하길

〈목련〉이다. 어머니와 목련은 표상적 동일성을 공유한다. 거기에 병원이 개입되어 있다. 목련으로 피고파하시던 어머니가 이제는 뇌경색으로 쓰러져 병원에 계시다 큰맘 먹고 장만하신 진솔 옷은 입어 보실 수 없이 되었다. 이 절통할 통고 체험痛苦體驗을, 김향기 시인의 신앙적 자아는 '부활절 밝은 햇살'로 표상화하였다. '소망'의 시조다. 그의 모태 회귀욕은 목련같이 환한 소망으로 피어난다.

농사일이 분주할 땐 농작물만 눈에 보여
꽃을 잡초로 여겨 눈길 한 번 주잖더니
일손을 놓은 후에는 텃밭이 꽃밭이다

지나온 삶이 비록 잡초 밭 같았어도
엄니의 그 날들은 아름다운 꽃인데
오늘은 카네이션이 병실에서 졸고 있다

〈꽃, 어버이날에〉다. 분주한 노동의 일상에서는 꽃을 잡초로만 보였으나, 일손을 놓자 텃밭이 꽃밭으로 보인다. 어머니의 나날들도 꽃밭이었거늘. 어머니 병실에 꽂힌 카네이션, 감사의 표상이다. 김향기 시인의 에스프리는 이처럼 밝음과 아름다움을 지향한다.

상황과 시간이 뒤엉키는 현실에서
고향에 다녀올 날 벽시계에 걸어 놓고
늦어진 귀향 보고를 전갈하며 재촉한다

휴대폰에 담아 온 고향 사진 보여 주며
사 온 참외 이웃 얘기 섞어 긁어 드리니
참외 꽃 노란 웃음이 어매 눈에 가득 폈다

〈참외〉다. 기억이 착종錯綜되는 어머니의 마음결에 고향의 표상, 시인의 그리움이 오버랩되었다. 이 참담한 상황에도 김향기 시인의 긍정적 세계관이 어려 든다. 시상이 늘 밝다.

고향집의 돌확이 고가구점 앞에 있어
엄니께 물어 보니 만 원에 팔렸단다
쓸모도 자식들 따라 객지로 떠나가서

눈물 가득 아가리에 부레옥잠 떠다니며
알통 굵은 팔뚝으로 물속을 휘휘저어
수십 년 지난 기억을 건져 올려 보인다

뜨물 빛 새벽 안개 한 바가지 끼얹고서
통보리 확에 갈아 기도祈禱 헹군 엄니 손에
반질한 갈돌 하나가 아침 해로 빛난다

〈돌확〉이다. 돌확은 쓸모를 잃은, 옛 농경 사회 살림 기구의 대유代喩다. '쓸모'의 변천은 문명의 변화 양상에 따른다. 일금 일만 원의 교환 가치로 격하된 돌절구의 좌표가 궁색하기 이를데 없다. 김향기 시인은 그럼에도 이 삭막한 시공에서 '통보리 확에 갈아 기도 행군 엄니 손'을 짚어 낸다. 그리고 마침내 아침 해에 빛나는 갈돌 하나를 전경화前景化한다.

백제의 부름 받고 군역 나간 낭군은
보리 익을 때 온다 하여 보리 목도 길어지고
못자리 개구리들도 잠 못 들고 울었다

어느 변방 전투에서 포로가 되었는지
서녘만 보고 오라던 그 약속을 잊었는지
옷고름 낙조대 위에 붉은 놀로 걸렸다

〈신新 선운산가〉다. 고대 가요 〈선운산가〉의 현대 시조 버전이다. 김향기 시인의 향토에 대한 서정이 흠씬 배었다. 전쟁과 기다림의 정서를 한국인답게 마물렸다. 잠 못 들고 울어 쌓는 개구리는 초려焦慮의 전통 정서를 실감나게 환기 하고, 낙조대 위에 붉은 놀로 걸린 '옷고름'은 그리움을 불러온다.

매봉재 넘어 왕자굴까지 타령조로 오르던 길

촛대바위, 장군바위보다 큰 나뭇짐이 내리던 길
잡목들 막아선 길에 메아리도 떠났다

고무신에 까까머리 책보자기 가로 매고
가막재 넘어가며 보리피리 불던 동무들은
띄우던 고무신 배 타고 꿈을 좇아 어디 갔나

알뫼장과 외지로 가던 방죽 주막 고개 아래
가슴속 감춘 눈물 방죽 가득 벙벙하고
버들은 제 몸 담그고 옛 이름을 낚고 있다

〈아홉 고개九峴 이야기〉(전 9수 중의 처음 3수)다. 향토의 아홉 고개를 노래했다. 유년 시절의 향토 정서를 실감나게 재현한 연시조다. 메아리도 아이들도 다 떠나버린 향토에서 휘늘어진 수양버들은 여린 가지를 물에 담그고 옛 이름을 낚고 있을 뿐이다. 그리움의 표상들이 사라지고 만 향토 정서를 적실이 보여 주는 작품이다.

장대 끝 맴돌던 꿈/ 어디로 떠났기에// 거미줄 둘레둘레/ 메아리만 엉겨 있나// 온 마당/ 등불로 켜든/ 풀꽃 저리 눈부신데// 지금쯤 뉘 집 앞을/ 지나올 바람 소리// 다듬이 장단 맞춰/ 달리던 고샅길에// 낯익은/ 사방치기 돌/ 산그늘을 재고 있다

〈빈집〉이다. 농촌, 폐가의 정경을 그렸다. '다듬이질 소리에 장단 맞추어 고샅길을 내달리던' 유년기의 역동적 표상이 사방치기 돌의 정지된 실물에 와서 하릴없이 정지되고 만다. 무無로 돌아간 유有의 흔적이다. 쓸쓸한 결성缺性의 시공時空이다.

사래 긴 목마름에 불볕 타는 보리밭
건너편 물병까지 낫으로 길을 뚫는
할머니 굽은 등 위로 하루해가 업혀 간다

육자배기 타령조로 산 그리메 길어지면
목매기 길게 울어 귀가 길 재촉이고
초승달 허기에 지쳐 배가 등에 붙었다

저녁 짓는 아궁이에 보릿대 타는 소리
호롱불 선잠 자다 그 소리에 놀라 깨도
아이의 설익은 꿈은 가마솥에 눋고 있다

〈보리 익을 무렵〉이다. 농경 중심 시대의 옛 농촌. 보리 익을 무렵의 향토 정서를 '보여 주기' 화법으로 표출했다. 하루 해가 업혀 가고, 허기 진 초승달은 배가 등에 붙었으며, 설익은 아이의 꿈은 가마솥에 눋고 있다는 의사 진술이 시적 소통의 효과를 높였다. 잘 쓴 시조다.

김향기 시인의 모태 회귀욕, 향토 서정을 향한 표출 욕

구는 우리 서정시의 광맥인 '그리움'으로 갈음된다. 〈늦은 귀향〉을 감상하며 어머니와 고향 이야기는 예서 줄이기로 한다.

눈 감고 몸이 굳은 십여 년 병석에서
"고향 가자, 고향 가자."
조르는 엄마에게
낼 모레, 또 낼 모레만 꿈 갈피에 넣었다

엄마도 그 소원도 나날이 야위더니
영혼 먼저 천국으로 떠나보낸 후에야
육신만 리무진 타고 국화 입고 귀향했다

〈늦은 귀향〉(4수 중 1, 4수)이다. 오열이 폭발할 기막힌 정황인데, 김 시인의 신앙적 자아가 다만 천국 소망만을 전한다.

(3) 인생
김 향기 시조의 인생론은 소박하다. 심각한 인생 문제 내지 실존적 고뇌의 속내는 표출하지 않고 안으로 삭인다.

소년과 소녀가 이순耳順의 나이 되어
평행선 그 끝에서 소실점으로 만날까

느긋한 봄 햇살 속에 철쭉꽃만 애가 탄다

〈어느 봄날에〉(3수 중 제3수)다. 중학교 졸업 때 헤어져 노년에야 만나게 되는 남녀의 설레는 순간의 감정을 '철쭉꽃'에 부쳐 초점화했다.

자린고비네 천장에 거꾸로 매달아도
몇 년은 버틸 만한 기운이 있다면서
조기들 눈 부라리며 입 벌리고 외친다

〈조기와 자린고비〉(3수 중 제3수)다. 아내가 사 온 손가락만 한 조기는 새끼줄 값이 더 비싸겠다. 자린고비 설화를 인용하며 조기의 '표정'을 익살스레 표현했다. 삶의 작은 예각적 단면이다.

출혈 과다, 그 이후엔 죽는 것이 더 힘들다
고통 없이 죽는 것이 행복임을 알았을 때
의식이 추위 속에서 새나가고 있었다

좌우에서 들려오는 비명과 헛소리
수혈이 막히는 처음 겪는 고통 속에
지옥은 중환자실에서 시작되고 있었다

〈중환자실에서〉(6수 중 1,3수)다. 인간은 시학적으로 삶과 죽음, 현존과 비현존의 경계선 이미지 border line image 표상이다. 찬류 인생이다. 중환자실의 고통은 현존이 비현존의 세계로 가는 마지막 통과 의례. '죽음과 살아 있음이 줄타기를 하고 있는' 그 절정을 보여 주는 시조다. 김향기 시조에서 드물게 어조가 치열성을 띠었다.

태어난/ 아기 울 때/ 가족들은 활짝 웃고// 이 세상/ 이별할 때/ 지인들은 슬피 울고// 웃음과/ 울음 사이에/ 한 생애가 지난다 - 〈파라독스〉

어린 눈에 비친 세상/ 물음표가 참 많았지?// 사랑에 눈을 뜨면/ 빗방울도 느낌표!// 젊음이/ 타오를 때는/ 쉼표마저 불태웠고// "큰따옴표"/ 가슴속에/ 야망 가득 채웠지만// 부서지고 깨어져서/ 남은 것은 말줄임표...// 내 삶의 마침표 뒤엔/ 무슨 부호 남을까 - 〈인생의 부호〉

저녁 해 산마루에/마침표로 앉으면// 발자국 눈길 위에/쉼표로 옮기는데// 그림자 오늘을 돌아보는/ 물음표로 돌아온다 - 〈일상의 부호〉

일생을 되짚어 보고 일상을 새삼 점검하는 어조가 사뭇 담담하다. 격렬한 인생의 파란 같은 것도 김향기 시인의 시심의 바다에서는 비밀처럼 잠잠해진다. 시조 세 편의 화법이 평면적 서술로서 시적 위기인데, 잠언시를 지향하는 이 담담한 어조로 하여 그 위기가 해소된다. 깨달음 말이다.

김향기 시인의 인생론, 평온에 잠겨 있다. 파도를 꾸짖어 잠잠케 하신 예수 그리스도의 음성이 감지된다.

(4) 사회와 역사

시조시인들은 사회·역사 의식에 무심한 경우가 많다. 음풍농월과 개인의 정감에 충실했던 옛 시조의 일반적 풍속을 전수받은 탓이리라. 하지만 정몽주, 이방원, 이색, 성삼문, 정철 등은 사회·역사 의식을 담은 시조를 남기지 않았는가.

키 작은 들풀들이 신입생으로 다가와서
오가는 사람에게 고개 숙여 절하는데
국기 대 녹슨 그림자 돌아서서 감춘다 - 〈폐교에서〉

밭둑길 터덜터덜 앞장세운 노모차에
끌려가는지 밀고 가는지 알 수 없는 보행인데
푸성귀 좌석에 앉아 도리질이 끊임없다 - 〈노모차〉

"카드를 대 주세요."/ "이미 처리되었습니다"// 교통 카드 단말기가/ 사람들을 놀려 대도// 순박한/ 역세권

밖 사람들/ 순종에도 익숙하다 - 〈마을버스에서〉

 폐교와 노모차와 마을버스의 정경이 오늘의 사회상을 보여 준다. 어조가 역시 담담하다. 김향기 시인은 삶에 과도히 애면글면하지 않듯이, 사회 문제도 그대로 수용해 보이며, 반응은 독자에게 맡긴다. 이른바 '구조적 모순' 등 사회학적 길항의 구호에 집착하거나, 그에 대해 전투적 어조를 높이는 일이 없다.

목메어 부른 노래 핏빛으로 묻어나와
선운사 뒤뜰에 동백으로 피어나고
눈물은 동호 염전에 소금으로 쌓였다 - 〈신新 선운산가〉

목숨 걸고 부르짖던 만세 소리 여음 길고
품속에서 꺼내 들은 태극기도 따뜻한데
남북이 '통일 만세'를 외칠 날은 언제일까
- 〈100년이 지난 봄〉

위례성은 하남시로, 고려는 개성으로
제각각 정해지고 인적 드문 골짜기에
개들의 쉰 목소리만 고샅길에 가득하다
- 〈유왕골에서〉

 원삼국 시대의 피어린 전쟁 이야기, 3·1 만세 운동

100주년을 맞은 소회의 일단, 원삼국과 고려 역사 엿보기로 요약되는 작품들이다. 그날의 통고 체험, 통일의 염원, 멸망해 간 역사에 대한 회고를 주제로 했다. '꺼내 들은'은 '꺼내 든'의 시적 허용 poetic license형이다.

사회·역사 의식의 시적 재현에는 위험이 따른다. 표상성과 의미의 장력張力tension이 풀어져 시적 긴장미를 잃기 십상이기 때문이다. 김향기 시인도 이 지점에서 고심한 듯하다. 〈신新 선운산가〉와 〈유왕골에서〉는 종장에서 시적 표상화에 성공함으로써 이 위기를 넘겼다.

(5) 초월·기도

자연, 인생, 사회·역사 의식 문제 모두가 현존과 비현존의 경계 지대에서 멈출 수밖에 없다. 멸망이냐 초월과 구원이냐, 존재의 궁극적 명제다.

소나무 목피보다 더 거친 그 손으로
어린 등을 긁어 주며 옛 얘기로 꿈길 열면
유년의 여린 하루가 은하수에 잠겼네

사래 긴 아픔들은 구름 등을 타고 넘어
저 멀리 소요봉 지나 선운산에 묻어 두고
이제는 하나님 손 잡고 남은 얘기 나누소서

〈아버지의 손〉(4수 중의 1,4수)이다. 아버지의 거친 손

길의 감촉이 은하수의 천체 미학으로 떠올랐다. 마침 영결한 아버지는 천국 가족이 되었다. 김향기 시인의 시적, 초월적 영혼이 별빛인 양 영롱하다. 아름다운 기도 시조다. 앞에서 읽은 〈목련〉도 마찬가지다.

> 입에서 나오는 말씨에 사랑 담겨
> 얼어붙은 말 녹이는 따뜻한 햇살 되고
> 사랑의 냇물 이루어 온 누리에 넘치기를

〈씨를 심는 나날〉(3수 중의 1,3수)이다. 말하기와 글쓰기는 빛과 사랑과 꽃이 되어야 한다. 김향기 시인의 시조 쓰기란 요컨대 기도문임이 여기서 확인된다.

> 금식과 굶식으로/ 홍해를 건넌 후에// 물 한 모금,/ 밥 한 숟갈에/ 고개 절로 숙이련만// 눈길은 밥상 밑에서/ 메추라기 쫓고 있다.// 마라의 쓴 물이/ 단물로 바뀌고// 오늘 족한 만나로/ 숟가락을 들고서도// 염려는/ 내일을 퍼 담아와/ 밥상위에 썩힌다

〈밥5- 엑소더스 그 후〉다. 하나님의 놀라운 이적의 은혜를 몇 번씩이나 체험하고도 세속적 욕망에 사로잡히고, 5백 번이나 염려하지 말라신 하나님의 말씀을 거역하던 이스라엘 사람들의 행태, 아니 우리의 삶을 스스로 질타한다. 회개와 기도의 시다.

김향기 시인은 톤을 낮춘 잔잔한 어조로 잔잔한 감동을 환기한다. 어조로 보면, 그의 시조는 전범典範의 경지를 가늠한다.

3. 맺는 말

이 글은 시조는 촉기로 쓰는 것이 아니라, 곰삭은 모국어 표상으로, 우리 고유의 리듬에 실리되 응축과 이완의 장력을 유지하며 창조적으로 재현되어야 한다는 당부로써 시작되었다.

김향기 시조를 자연, 향토, 인생, 사회와 역사, 기도와 초월의 다섯 가지 위상으로 구분하여 읽은 결론은 다음과 같다.

그의 시조에서 인간과 자연의 관계는 '분리'가 아닌 '만남'의 전일성全一性을 지향한다. 주된 창작 모티브는 어머니와 고향, 모태 회귀욕이다. 분량비로 보아도 압도적 분포를 보인다. 그는 향토와 어머니에 대한 기억 항목들을 그의 시조에 집중적으로 소환해 들인다.

그가 시조에 문장 부호의 묘리妙理를 표상화한 기법은 새롭고, 가붓한 형이상학적 사유思惟의 기미를 엿보게 한다. 그의 사회·역사 의식은 아득한 원삼국 시대의 가요에서부터 3·1운동의 근대사에까지 이른다. 그는 사회 현상과 역사적 사실을 담담히 관조할 뿐, 구조적 모순이나 치명적 생채기를 파헤쳐 사회학적 길항의 구호를 분출하거나 전투적 어조를 높이는 수준을 넘어서 있다. 그는 기도하는 크리스천이다.

　김향기 시조의 어조는 낮고 평온하다. 조사措辭가 유연하고 순탄한 흐름을 타고 있어, 시상이 엉클어져 착종錯綜되는 불상사는 일어날 리 없다. 그의 시적 화법은 화려한 기교보다 숨어 있던 평명한 모국어 등으로 소통하기에 부합한다. 혹 화법이 일상적 서술에 흘러 시조의 장력張力tension이 풀어질 즈음, 의사 진술과 비유, 가붓한 상징, 보여 주기 이미지 표상화로 미학적 위기를 수습한다. 그의 시조에서 종장 마무르기 솜씨가 돋보이는 이유다.

　그가 감칠맛 나는 순 모국어를 발굴하여 그 잠재적 본질을 일깨워 보이는 것은 주목할 대목이다. 앞으로 이 길에 정진할 것을 기대한다.

　김향기 시조시인의 시업詩業을 상찬하며, 시조집 발간을 축하한다.